PROJET D'EMPRUNT.

PAR

M. DUFRESNE,

Agent de Change.

PARIS.

DE L'IMPRIMERIE DE CHANSON,

RUE ET MAISON DES MATHURINS, N° 10.

Novembre 1815.

PROJET
D'EMPRUNT.

Un homme étranger à tout esprit de parti et à toute ambition, qui, comme cette classe moyenne si nombreuse aujourd'hui en France, spectateur des bouleversemens qui se succèdent dans une sphère étrangère à sa position ainsi qu'à ses désirs, attend la tranquillité qui lui est due à plus d'un titre, se permet, dans son amour pour le bien public, de publier quelques réflexions sur l'état actuel de son pays.

En France, la classe des mécontens, en haine du Gouvernement actuel, se croit attachée au Gouvernement précédent : mais l'intérêt personnel, qui seul fait les partisans, comme il fait les ennemis, est plus particulièrement le mobile de cette opposition que toute autre cause.

Cet intérêt personnel, qui se manifeste plus ostensiblement chez les gens en place, est souvent une des causes tacites de l'attachement des peuples à leurs souverains.

Ferme soutien des États, plus il est en jeu,

plus la force de l'administration croît; plus il est froissé, plus elle diminue et moins elle dure.

Cet esprit public si précieux, si vanté en Angleterre, cet attachement exagéré de chaque citoyen au Gouvernement, dans quel sentiment en faut-il chercher l'origine? N'est-ce pas dans l'obligation de concourir à servir le système colossal de finances auquel, directement ou indirectement, il est intéressé. Quel Anglais ne ferait pas le sacrifice d'une partie de sa fortune pour prévenir la banqueroute sur les fonds dont il est propriétaire, pour conserver la confiance publique aux billets dont il est porteur?

Ne pourrait-il pas naître de l'état fâcheux de nos finances un moyen d'intéresser à la consolidation du Gouvernement une forte partie de la nation? ou plutôt, dans les mesures qui vont conduire au mode de payer l'étranger et de subvenir à nos besoins extraordinaires, telle ou telle marche ne serait-elle pas plus favorable que toute autre à ce système, d'attacher davantage le peuple à la chose publique?

Je vais examiner cet objet d'une haute importance en finances et en administration.

La France doit à l'étranger, payables en

cinq ans, d'abord 700 millions de contributions de guerre, plus 590 millions pour l'entretien de 150 mille hommes, plus 80 millions aux Anglais pour des réclamations individuelles, plus enfin 100 millions aux Prussiens, Hambourgeois, Hollandais, etc., pour créances de particuliers et de divers établissemens; total, 1 millard 470 millions : à cette somme il faut ajouter l'arriéré, que l'on peut porter à 530 millions; il est donc dû 2 milliards, exigibles en cinq années, ou, par an, 400 millions.

Il faut y joindre le montant des dépenses courantes, qui, réduites, au moyen des économies que l'on propose, à 500 millions, annoncent annuellement un budjet de 900 millions à trouver.

Deux voies se présentent pour faire face à cet état monstrueux, le système contributif, ou celui des emprunts. Je ne m'appesantirai que sur le premier.

Le système contributif est précisément opposé à cette nécessité d'intéresser l'individu au bien-être de l'Etat, qui devient, aujourd'hui surtout, une considération d'urgence.

Lorsqu'il faut prélever sur le fruit de son

travail une portion de ce qu'il produit, sans espoir de le voir rentrer sous aucune forme; lorsqu'il faut se séparer, faire le sacrifice du superflu, souvent même du nécessaire, se priver ainsi des jouissances qui en naissent, ou plutôt de l'aisance qu'il procure, on souffre, on gémit, on est mécontent, on blâme le Gouvernement dans le vague de ses désirs, sans approfondir les circonstances où il se trouve, et dont il faut sortir.

Mais, si, en versant pour contributions une forte partie du revenu, cette somme contributive, devenue capital en entrant dans la caisse publique, venait, je suppose, à produire intérêt; si, pour parler net, le Gouvernement, imposant extraordinairement une addition aux contributions existantes, assurait aux imposés la rente du montant de leur versement; si cette rente, nécessairement détériorée dans sa valeur intrinsèque en premier lieu, à mesure que l'état des choses se consoliderait, venait à reprendre faveur; si d'ailleurs une caisse d'amortissement bien établie peu-à-peu en élevait le cours; le contribuable, devenu malgré lui rentier créancier de l'Etat, aurait intérêt à ce qu'il se maintînt, prospérât même, puisqu'une portion de sa fortune, y étant attachée, viendrait en proportion à se consolider et à s'améliorer.

400 millions d'extraordinaire chargeraient annuellement le trésor d'une rente de 20 millions à cinq pour cent; en cinq ans l'Etat serait grevé d'une rente de 100 millions. La sixième année, les contributions extraordinaires, continuant encore, augmenteraient de 400 millions le fonds d'amortissement, qui, agissant fortement dès la septième, aurait en peu de temps opéré l'extinction de la dette.

Tout gît dans l'opinion; la bonne foi, qui doit être inséparable de tout système de finances, secondant la marche que j'indique, les fonds étrangers viendraient, comme levier puissant, aider les administrateurs.

L'argent oisif en France, que les révolutions et l'incertitude sur les mesures prochaines font cacher encore, reparaîtrait. Un appât certain serait offert aux capitalistes par le premier cours de ces nouveaux cinq pour cent.

On pourrait les confondre avec les anciens, ou les en distinguer en leur donnant une forme plus commode, c'est-à-dire, en les créant au porteur.

Je suis naturellement ici amené à appuyer sur l'avantage qui résulterait, pour la valeur de l'effet, de produire des rentes sous cette nouvelle forme.

Tous les jours on est entravé dans la négociation du tiers consolidé existant, par la nécessité où sont les titulaires absens de la capitale d'envoyer leur procuration, lorsqu'ils veulent se défaire de leurs inscriptions, chaque rentier devant personnellement, ou par l'entremise d'un fondé de pouvoir, signer l'acte qui transfère la possession de sa propriété à l'acquéreur de son titre. Tous les jours, des étrangers, des capitalistes, qui veulent dissimuler leur fortune, sont éloignés d'acheter des rentes, par l'obligation où ils sont de les faire inscrire à leur nom.

Des rentes au porteur ont le double avantage d'accélérer les opérations d'achat ou de vente, auxquelles toute valeur est sujette; elles seront plus recherchées sous ce rapport, et sous une infinité d'autres qu'il serait trop long d'approfondir.

La nouvelle dette n'aurait pas sur l'ancienne ni sur elle-même une influence aussi défavorable qu'on pourrait le croire. Le contribuable, recevant ses rentes en remboursement après l'entier acquit du montant de son imposition, ne les posséderait vraisemblablement qu'à la fin de l'année; il ne pourrait guère, avant cette époque, chercher à s'en défaire. Ces nouvelles inscriptions seraient d'ailleurs disséminées en une si prodigieuse quantité de mains différentes dans toute l'étendue de la France, que vraisemblablement la plupart des nouveaux rentiers n'enverraient pas précisément à la Bourse de Paris négocier, tous au même instant, leur titre, dont ils espéreraient voir s'améliorer le cours, et sur lequel il s'en établirait dans toutes les villes du royaume.

Ce serait un signe représentatif qui, circulant, tout en portant intérêt dans chaque province, ferait naître une infinité de transactions inconnues, et activerait sérieusement la reproduction des capitaux, chaque receveur général étant chargé de payer les arrérages tous les six mois. Il en résulterait que Paris ne serait plus indispensablement le gouffre où viendraient s'engloutir toutes les opérations, et elles se répandraient fructueusement dans les départemens.

En fixant théoriquement

Les contributions directes à 250 millions,

Les contributions indirectes à 100 *dito*,

Il serait facile d'imposer telle ou telle branche d'industrie et de trouver . . . . 50 *dito*.

Pour parfaire . . . . 400 millions d'impositions ordinaires.

En exigeant le doublement de cette somme, et en distribuant à mesure, suivant ce qui revient à chacun, une rente servie par le trésor à raison de cinq pour cent, comme je l'ai dit plus haut, la charge nouvelle à supporter par la nation serait en quelque sorte allégée par l'intérêt produit : le peuple serait sans doute obligé de verser pendant six ans le double de la contribution actuelle; mais, pour ce doublement, il recevrait cinq pour cent d'intérêt, et pourrait, par la négociation d'ailleurs à volonté, rentrer dans une forte partie du capital prêté. Un contribuable qui paye mille francs d'impositions, à partir de janvier 1816, paierait deux mille francs. Dans cette somme, mille francs se convertiraient tous les ans en cinquante francs de rente, et, la septième année, la totalité de la contribution serait aisément réduite aux mille francs primitifs. Prélevant, sur ces 400 millions établis comme *emprunt contributif*, un pour cent, pour le fonds d'amortissement, 4 millions serviraient, la première année en capital, à soutenir le cours de 20 millions de rente, qui, divisés en une quantité infinie de petites inscriptions, seraient probablement conservés par les titulaires primitifs, et viendraient d'ailleurs difficilement se présenter au même point de négociation, c'est-à-dire, à Paris, où il serait plus particulièrement important de soutenir le cours.

La deuxième année, la troisième, la quatrième, la cinquième, il s'élèverait peut-être par le même véhicule d'amortissement; mais la sixième, la valeur des nouvelles rentes et même des anciennes croîtrait dans une proportion étonnante. La totalité ou la majeure partie de l'imposition extraordinaire de 400 millions étant versée dans la caisse d'amortissement et venant à opérer avec une rapidité merveilleuse, l'extinction de toute la dette en élèverait inévitablement le cours à 80 francs, s'il n'y était pas déjà de lui-même arrivé.

L'occasion de semer en France le germe de ce crédit public, si puissant en Angleterre, se présente; on serait coupable de la laisser échapper : de l'excès de nos malheurs il peut naître un bien qu'aucun siècle de gloire et de puissance n'a su amener.

En créant entre les mains du contribuable, en échange de son sacrifice, une valeur productive de l'intérêt légal qui, soutenu par la confiance, pourrait devenir valeur presque monétaire et servir à plus d'une transaction, on obligerait chaque porteur de ces effets à en opérer indirectement, mais sensiblement, l'amélioration, par sa coopération à la prospérité de l'administration à laquelle serait nécessairement lié leur sort.

J'ose avancer que, loin de nuire au crédit public, ce système d'un *emprunt contributif* en est la première base : depuis trop longtemps en France on se laisse aller à des émissions successives de valeurs, que les événemens font disparaître les unes après les autres, qui toutes, partant du même principe, ne diffèrent que dans leur dénomination, et se ressemblent dans les résultats, c'est-à-dire, dans leur dépréciation, dont nous avons l'exemple.

Les capitalistes fatigués, étourdis de cette multitude d'annuités, d'effets à terme, etc. en voient à peine paraître d'une nouvelle confections, que, prédisant par expérience le sort peu éloigné qui les attend, ils ne se hasardent qu'en tremblant à les échanger contre leur numéraire, et ne contribuent ni franchement ni efficacement à la prospérité de l'État.

Le système d'emprunt contributif que je propose, se liant étroitement au système d'un emprunt ordinaire, serait singulièrement approprié à nos habitudes, et aux idées universelles de tous les gens qui ont quelques connaissances en finances.

Quoi de plus simple que, devant payer pendant six ans le double de sa contribution, à la fin de chaque année on aille retirer chez le receveur de son arrondissement le titre de la rente à cinq pour cent du capital que l'on a versé? Qui ne préférera pas ce mode à celui de ces emprunts onéreux qui dernièrement ont dérangé toutes les fortunes, éprouvé des entraves sans nombre, et aliéné toutes les bonnes dispositions?

On va m'objecter la difficulté de lever pendant six ans le double des contributions actuelles, la pesanteur du fardeau de

100 millions de rente dont l'État va être chargé, et certes il n'est pas douteux que ce sont de grands sacrifices; mais existe-t-il un moyen de les éviter? Les étrangers, maîtres de Paris et de toutes nos forteresses, nous permettent-ils d'éluder leurs propositions? n'est-ce pas de l'argent qu'il leur faut? leur alliance avec nous nous a-t-elle laissé le choix d'une autre voie? Puisqu'il faut donc, à quelque prix que ce soit, sortir de cet état de misère et d'humiliation, quel Français refusera son secours au Gouvernement, s'il lui garantit la tranquillité? Toutes les classes se serreront autour du trône: l'union seule peut nous sauver, la bonne foi prévenir notre ruine.

FIN.

www.ingramcontent.com/pod-product-compliance
Lightning Source LLC
LaVergne TN
LVHW010341230826
846091LV00009B/3980